HF273242

Inhaltsverzeichnis

Über die Autorin

Nach meiner Ausbildung war ich einige Jahre im Vertrieb tätig. Durch den nebenberuflichen Einstieg in die Trainertätigkeit habe ich sehr schnell festgestellt, dass dieser Tätigkeit meine Vorliebe gilt. Ich habe viel und gerne mit Menschen zu tun, die etwas lernen möchten und denen ich etwas geben kann. Menschen für Ziele und Aufgaben zu begeistern und ihnen den richtigen Weg dorthin zu weisen sind für mich die Basis meiner Tätigkeit als Coach und Trainerin. Die Einheit von Theorie und Praxis ist mir dabei besonders wichtig. Das heißt für mich, dass was ich im Coaching und in meinen Seminaren vermittele, probiere ich selber aus, ob es in der Praxis auch so funktioniert.

Als zertifizierte Trainerin bin ich seit einigen Jahren im Bereich Kommunikation, Rhetorik und Zeitmanagement tätig. In allen diesen

Bereichen verfüge ich über langjährige Erfahrung. Bei meinen Seminaren und Coachings helfe ich ca. 1100 Seminarteilnehmern und Klienten jährlich, den für sie persönlich richtigen Weg zu finden. Die Ziele hier sind sehr unterschiedlich.

Kontaktdaten:

Regina Zeh
Seminare – Coaching
Halbeswiger Straße 14
59909 Bestwig
Tel. 02904 709023
Fax 02904 709431
Mobil 0171 1432126
E-Mail
r.zeh@regina-zeh-coaching.de
Homepage
www.regina-zeh-coaching.de

Herstellung und Verlag:
BoD-Books on Demand, Norderstedt
ISBN: 978-3-8391-4638-5

Ein guter Start ins Coaching

Die Frage an den Klienten: „Worum geht es bei Ihnen?" Nach meiner Erfahrung ist hier eine der häufigsten Reaktionen ein Achselzucken gepaart mit einem „Hilf mir das herauszufinden." im Blick des Klienten.

Die Situation ist wie die eines Flugzeugs ohne Flutlotsen. Das Flugzeug steht startbereit auf der Startbahn, aber wohin ohne die Ansage des Fluglotsen.

Der Klient (das Flugzeug) fragt sich:

- In welche Richtung soll ich denn fliegen?
- Welches Tempo?
- Wo ist meine Besatzung, d. h. welche Menschen sind denn noch wichtig in meinem Leben?
- Wo ist denn überhaupt mein Ziel?
- Habe ich Zwischenlandungen? Wenn ja, wo?

D. h. jeder Coach wünscht sich Methoden, den Blick des Klienten auf die wesentlichen Kernthemen zu lenken. Je mehr Kreativität Sie als Coach in die Ansprache des Klienten legen,

---

desto angeregter und aufgeschlossener wird er antworten.

Nutzen Sie kreative Türöffner um dem Klienten bei der Suche zu helfen.

Seien Sie der Leuchtturm Ihres Klienten.

Vom Kartenspiel zum Mindmap

Kartenspielen – ist das seriös? In diesem Fall kann die Frage mit ja beantwortet werden. Hier ist nicht gemeint, dass Sie um die Kernthemen des Klienten pokern sollen. Vielmehr soll Ihnen als Coach das vom Klienten entworfene Kartenspiel helfen, einen Überblick über die Kernthemen des Klienten zu bekommen.

In der „ersten Runde" legt der Klient mithilfe des Kartenspiels nämlich seine Trümpfe – seine Themen – fest. In der „zweiten Runde" entsteht dann eine bunte Themenlandschaft in Form eines Mindmaps.

Ziele:

- Der Klient macht sich seine Coaching – Themen bewusst und gewichtet diese gleichzeitig.
- Der Klient erkennt seinen *„Trumpf"* – das Schlüsselanliegen.
- Der Klient fokussiert seine Ziele und Wünsche, statt sich an Problemen zu orientieren.

Fallbeispiel: Das Erstgespräch am Telefon mit meiner Klientin:

Frau Silvia M. ist in der Abteilung des Landesministeriums für Außenhandel tätig. Aufgabe des Ministeriums ist es, eine Schnittstelle zwischen dem Bundesland und Russland zu bilden. Frau M. organisiert Veranstaltungen in Russland. Weiterhin organisiert sie Veranstaltungen in Deutschland, wo russische Delegationen sich informieren wollen.

Auf einer Veranstaltung kam es zu einem Zwischenfall. Eine Dame im Publikum führte eine antirussische Flagge mit sich und wollte diese auch während einer Veranstaltung in Deutschland demonstrieren.

Frau M. ging auf die Dame zu und hat ihr kurzerhand die Flagge entwendet und an sich genommen. Dies führte dazu, dass die Dame Anzeige wegen Körperverletzung gestellt hat.

Frau M. fühlte sich in dieser Situation von ihrem Vorgesetzten völlig alleine gelassen. Seitens ihres Vorgesetzten hat sie keinerlei Rückendeckung bekommen. Vielmehr fragte ihr Abteilungsleiter sie in einem Gespräch über diese Angelegenheit: *„Sind Sie denn im Rechtsschutz?"* Frau M. sagt, dass sie im Interesse einer erfolgreichen Veranstaltung gehandelt habe. Dies sei ja schließlich auch ihre Aufgabe. Frau M. erhält keinerlei Rückendeckung von Ihrem Vorgesetzten.

Sie beginnt nun sich zu fragen, ob der derzeitige Arbeitgeber – mit seinen Werten – noch der ist, mit dem sie gerne zusammen arbeiten möchte. Auch führt das bei ihr unweigerlich zu der Frage *„Wer bin ich eigentlich?"* und *„Wo will ich eigentlich hin?"*

Fazit:

Die Themenlandschaft der Klientin gleicht einem verwilderten Garten. Ein Gewächs überdeckt die nächste Pflanze. Vieles an Themen wächst durcheinander. Aber enthält der Garten auch wirklich alle Gewächse – Themen – fürs Coaching? Dies gilt es nun herauszufiltern.

Sicherlich fällt hier der erste Blick auf das Thema *„Ich fühle mich von meinem Arbeitgeber oder Vorgesetzen alleine gelassen."* Das heißt aber nicht automatisch, dass dieses Thema auch das wichtigste Thema für die Klientin ist. Es mag durchaus sehr dringend sein.

Fragen

Die Fragen, die sich bei dieser Klientin stellen sind:

- Um welche Themen genau geht es bei Frau M.?

- Gibt es erkennbare Zusammenhänge?
- Gibt es Themen, die sich gegenseitig beeinflussen?
- Gibt es Themen, die auf einem ganz anderen Blatt vermerkt sind?

Das A und O für ein erfolgreiches Coaching für den Klienten ist es daher, Themen zu identifizieren und zu gewichten. Erst dann ist auch dem Klienten klar, worum es eigentlich geht.

Schritt 1:

In einem spielerischen Vorgang legt die Klientin nun die Karten auf den Tisch. Die Karten sind in diesem Fall farbige Karteikarten (z. B. DIN A 6 – Karteikarten), die die Klientin eigenhändig mit Leben – d .h. mit ihren Themen – füllt. Die Methode erläutere ich der Klientin wie folgt:

„Ich sehe, dass bei Ihnen die Gedanken oder Anliegen im Kopf Karussell fahren. Für Sie ist es doch sicherlich auch wichtig, dass wir uns auf die wichtigsten Themen konzentrieren. Deshalb meine Idee dazu, wie wir vorgehen

können: *Schreiben Sie Ihre Themen in Stichworten auf die Karten. Benutzen Sie bitte für **jedes Thema eine separate Karte**. Diese Karten ergänzen wir später mit Überschriften. Deshalb beginnen Sie bitte in der Mitte des Papiers mit dem Schreiben.“*

In dieser Phase ist es ganz besonders wichtig, dass Sie Ihren Klienten helfen, seine Themen und Anliegen zu strukturieren. Im Gespräch mit Frau M. begann das in etwa so:

Coach

„Ich habe zwischen den Zeilen gelesen, dass Sie sich mehr Rückhalt von Ihrem Abteilungsleiter wünschen. Welches Thema spielt da noch hinein?“

Klient

Die Schuldfrage. Ich fühle mich wie ein Angeklagter, der zu Unrecht auf der Anklagebank sitzt.“

Coach

„Ist das ein Thema für Sie? Dann schreiben Sie es bitte auf eine Karte.“

Die Klientin greift nach einigen Karten und beginnt zu schreiben:

- Unterstützung vom Vorgesetzten
- Klärung der Schuldfrage
- Perspektiven beim derzeitigen Arbeitsplatz

Im Laufe des Gesprächs kommen noch sechs weitere Karten auf den Tisch. Am Ende haben wir neun Themenkarten auf dem Tisch liegen.

Schritt 2:

Nun ist es wichtig, dass die Klientin sich an ihren Wünschen orientiert, statt an Problemen. Dazu nehmen wir uns die Karten wieder vor und versehen diese mit Überschriften. Die ersten drei Worte der Überschrift lauten: „Ich wünsche mir …….". So kann ich als Coach gewährleisten, dass die Themen so formuliert werden, dass sie das Ziel im Fokus haben. Die Karten sehen dann bei Frau M. so aus:

Ich wünsche mir, ….	Ich wünsche mir, ….	Ich wünsche mir …..
dass ich mehr Unter-stützung von meinem Abteilungs-leiter erhalte.	dass ich meine Perspektiven beim derzeitigen Arbeitsplatz erkenne.	eine Ent-scheidung, ob ich das Unter-nehmen wechseln soll.

Schritt 3

Nun bitte ich die Klientin die Karten umzudrehen und zu mischen. Anschließend zieht die Klientin zwei Karten und entscheidet sich, welche von den beiden Karten der **höhere Trumpf**, bzw. das ihr wichtigere Thema ist. Der **höhere Trumpf** wird wieder unter die noch auf dem Tisch liegenden Karten gemischt. Zum Schluss ist noch eine Karte – der höchste Trumpf, bzw. das wichtigste Thema – übrig.

Im Fall meiner Klientin war es die Karte

> Ich wünsche mir, ….
>
> dass ich meine Perspektiven beim derzeitigen Arbeitsplatz erkenne.

Diese Karte wird nun als höchster Trumpf mit einem Textmarker gekennzeichnet.

Schritt 4

Nun bitte ich die Klientin die anderen sieben Karten hinzuzunehmen und Zusammenhänge zu dem höchsten Trumpf herzustellen. Hier nimmt sie z. B. ganz spontan die Karte *„Ich wünsche mir, dass ich mehr Unterstützung von meinem Abteilungsleiter erhalte."* und *„Ich wünsche mir eine Entscheidung, ob ich das Unternehmen wechseln soll."* Diese Themenlandschaft auf dem Tisch gibt meiner Klientin einen ersten Überblick über ihre Anliegen sowie die Zusammenhänge zwischen ihren Anliegen. Es beantwortet sich auch die Frage nach dem Schlüsselanliegen meiner Klientin.

Schritt 5

Ich bitte die Klientin die Themengruppen jeweils in einer bestimmten Farbe zu markieren. Dies visualisiert den Zusammenhang für die Klientin.

Schritt 6

Nun wählt die Klientin das Thema, welches ihrer Meinung nach im Mittelpunkt des Coachings stehen soll. Das kann der höchste Trumpf sein, muss es aber nicht. Das von der Klientin gewählte Fokusthema bildet den Mittelpunkt des Themen – Mindmaps, welches die Klientin nun kreiert.

Auszug aus dem Mindmap:

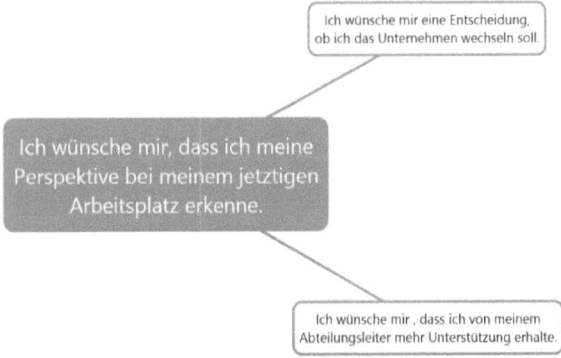

Nachdem nun meine Klientin sich auf diese Weise einen Überblick verschafft hat und die

Zusammenhänge erkannt hat, fällt ihr der Einstieg in das Coaching wesentlich leichter.

Fragen, mit denen Sie ihren Klienten helfen können

➤ Das eine oder andere Mal kommt es durchaus vor, dass der Klient *„noch ein As im Ärmel"* hat. Dieses wird dann natürlich gerne mal übersehen. Daher die Frage: Gibt es bei Ihnen vielleicht noch ein Thema, das wir noch nicht angesprochen haben?

➤ Wenn wir uns die Karten noch einmal anschauen, fallen Ihnen noch Nebenthemen auf, die hier mit hinein spielen?

➤ Nehmen wir mal an, ich könnte Ihren Mitarbeiter / Vorgesetzten / Kunden … etc. befragen: Welches Thema würde er / sie Ihnen noch vorschlagen?

➤ Was glauben Sie, welche Karte Ihre Frau / Ihr Mann noch hinzufügen würde?

➤ Welche zwei Themen, die Sie jetzt mit deutlichem Abstand zu einander auf den Tisch gelegt haben, gehören vielleicht doch zusammen?

➢ Schauen Sie sich bitte die Überschriften Ihrer Karten noch einmal an. Sehen Sie dort Themen, die sich als Grundthema (oder Grundthemen) durch Ihr Leben ziehen?

➢ Wie haben sich diese Themen in den letzten Jahren entwickelt?

➢ Und was ist Ihr Wunsch, wie sich diese Themen in den nächsten Jahren entwickeln?

Meine Notizen:

_____

_____

_____

_____

_____

_____

_____

_____

_____

_____

_____

_____

_____

_____

_____

_____

_____

Der rasende Reporter

Drei Dinge braucht der erfolgreiche Weg zum Coaching:

1. Die Herkunft des Klienten.
2. Das Ziel des Klienten.
3. Welche Ressourcen stehen ihm zur Verfügung.

Ziele:

- Der Klient erkennt ganz bewusst die Prioritäten seiner Informationen.
- Der Klient denkt an Lösungen und an seine Ressourcen.
- Die Basis für ein Weiterkommen im Coaching wird gelegt.

Fallbeispiel:

Das Erstgespräch mit einem Klienten.

Herr Markus T. kommt am ersten Tag zum vereinbarten Termin zum Coaching. Er ist einer Bank beschäftigt. Seine Aufgabe ist die Vergabe und der Vertrieb von Krediten an Geschäftskunden. Seine Arbeit bietet ihm keinerlei Herausforderung mehr. Er erzählt sehr ausführlich von seiner Unzufriedenheit mit seiner beruflichen Situation. Manchmal – wenn er Außendiensttermine hat – fährt er schon um 15:00 Uhr nach Hause. Es merkt ja eh keiner und interessiert auch keinen wirklich.

Die Gedanken die Herr T. äußert ähneln einer Achterbahn auf der Kirmes. Es geht auf und ab. Mal spricht er von seiner Unzufriedenheit im Job, dann kommt er wieder auf eine geplante Veränderung in Richtung Selbstständigkeit. Dann wieder erzählt er von seinem Abteilungsleiter, der ihn überhaupt nicht versteht. Daher verlaufen Gespräche zwischen dem Klienten und dem Abteilungsleiter auch meistens ohne Ergebnis.

Fazit: Das Leben von Herrn T. erscheint an dieser Stelle wie ein Fluss. Er beginnt an der Quelle ist eher schmal und langsam. Im Laufe des Lebens münden immer mehr Flüsse in den Fluss. Es entstehen Hauptarme und Nebenarme. Der Fluss füllt sich mehr und mehr. Daher hat der Klient auch erhebliche Schwierigkeiten damit, Bedeutendes von Unbedeutendem zu unterscheiden.

Das augenscheinliche Thema meines Klienten ist *„Mein Job bietet mir keine Perspektive mehr, sondern eher Langeweile."* Das ist aber nicht unbedingt auch der Kern des Ganzen. In irgendeiner Form ist es natürlich wichtig für den Klienten, denn es bewegt ihn recht stark. Aber wo liegt der Kern. Was ist wichtig? Was ist ein Nebenschauplatz?

Idee:

Eine kleine Fantasieübung soll dem Klienten hier helfen, den Kern der Sache zu erkennen und Informationen zu priorisieren.

Der Klient soll in die Rolle eines

Reporters schlüpfen. Seine Aufgabe ist es nun dem Zuschauer – in diesem Fall der Coach – die wichtigsten Informationen über den Klienten in einem Spot zusammmen zu fassen.

Die Sendezeit beträgt exakt drei Minuten.

Schritt 1:

Als Coach erkläre ich dem Klienten, die Wichtigkeit dieser Übung. Dem Klient soll natürlich auch Wertschätzung für seine bisherige Ausführlichkeit entgegengebracht werden. Daher ist eine anschauliche Ich – Botschaft des Coaches hier sehr hilfreich. Das könnte – je nach Klient – so aussehen:

Coach

„Vielen Dank für Ihre Offenheit. Sie haben mir jetzt sehr ausführlich über Ihr Leben berichtet. Alles was Sie bisher erlebt haben, kann für die nächsten Schritte wichtig sein. Den Bezug zur Vergangenheit werden wir häufiger herstellen.

Stellen Sie sich jetzt bitte einfach vor, ich habe einen Stapel Bücher vor mir. Um genau zu sein sind es 35 Bücher. Jedes Buch beschreibt ein Jahr Ihres Lebens. Es ist wohl eher unwahrscheinlich, dass ich alles bisherige aus Ihrem Leben erfahre. Unter Umständen könnte das auch sehr verwirrend für mich sein.

Aber den Kern des Ganzen muss ich kennen und verstehen. Das ist die Basis bzw. die Grundlage für den Weg, den wir gemeinsam einschlagen werden. Daher ist für uns beide wichtig, dass wir bis zum Kern vordringen.

Eine kleine, aber interessante Übung hilft Ihnen dabei, die wichtigsten Informationen auf den Punkt zu bringen. Eine Fernsehsendung, ein Reporter und ein Zuschauer spielen dabei eine entscheidende Rolle. Sind Sie schon neugierig auf das Abenteuer?"

Schritt 2:

Danach stelle ich meinem Klienten die Methode vor. Ich bitte den Klienten eine – evtl. abseits vom Coachingtisch – entspannte Haltung einzunehmen. Hier soll er seinen Gedanken freien Lauf lassen. Dann bitte ich ihn, in folgende Szene einzutauchen.

Coach

„Stellen Sie sich vor, dass Sie einem Reporter ein Interview versprochen haben. Sie haben alle 35 Bücher über Ihr Leben gelesen und kennen die Inhalte natürlich bestens. Ich als Ihr Coach – und auch als Zuschauer einer Fernsehsendung - beauftrage nun den Reporter, diese Bücher in einem Spot zusammmen zu fassen. Die Sendezeit beträgt drei Minuten. Leider ist der Reporter ein sehr beschäftigter Mann. Deshalb hat er für das Interview auch nur 10 Minuten Zeit.

Der Reporter hat auch – weil die Sendezeit ja sehr begrenzt ist – nur drei Fragen an Sie:

1. *Was soll passieren?*
2. *Welchen Beitrag dazu leisten Sie?*
3. *Was ist der beste Lösungsversuch, den Sie bisher ausprobiert haben?*

Ich übernehme jetzt die Rolle des Reporters und Sie geben mir das Interview.

Eine kleine, aber interessante Übung hilft Ihnen dabei, die wichtigsten Informationen auf den Punkt zu bringen. Eine Fernsehsendung, ein Reporter und ein Zuschauer spielen dabei eine entscheidende Rolle. Sind Sie schon neugierig auf das Abenteuer?

Die Antworten müssen nicht „sendereif" fürs Fernsehen sein. Sprechen Sie einfach aus dem Bauch heraus, was Ihnen dazu einfällt."

Coach

„Beginnen wir mit der ersten Frage:

> *Was soll passieren?"*

Klient

Der Klient sucht einige Zeit nach den richtigen Worten:

„Ich möchte nicht mehr das Gefühl haben, dass es sowieso egal ist ob ich nun da bin oder nicht. Ich möchte nicht mehr das Gefühl haben, einfach übersehen zu werden."

Coach

„Okay. Dass Sie übersehen werden soll nicht mehr passieren. Das notiere ich für die Fernsehsendung. Aber was wünschen Sie sich stattdessen?"

Klient

„Ich wünsche mir, dass ich wahrgenommen werde und dass meine Arbeit geschätzt wird. Ich möchte gerne eine Tätigkeit, wo ich Herausforderungen gegenüber stehe und wo ich mich weiter entwickeln kann."

Coach

„Darf ich dann für unsere Zuschauer festhalten, dass Sie sich einen anderen Arbeitsplatz wünschen?"

Klient

„Ja. Ich bin mir nur absolut noch nicht sicher, ob ich den Schritt in die Selbstständigkeit wagen soll."

Coach

„Gibt es einen besonderen Grund, warum Sie den Schritt in die Selbstständigkeit als Wagnis ansehen."

Klient

„Da stürmt so viel auf mich ein, dass ich nicht weiß ob ich das alles schaffe."

Die Fragestellung orientiert sich ganz klar an der Lösung. Der Klient soll sich nicht damit beschäftigen, was er nicht will. Vielmehr ist es hier wichtig, seine Lösung in den Fokus zu stellen. Daher ist die Frage: *„Was wünschen Sie sich stattdessen?"* enorm wichtig. Gerade diese Frageform zielt genau in Richtung Lösung.

Schritt 4:

Der Coach befindet sich immer noch in der Rolle des Reporters. In dieser Rolle geht er nun zur zweiten Frage über:

Coach

„Und nun kommen wir dann zur zweiten Frage. Unsere Zuschauer interessiert natürlich auch ganz besonders, was Sie persönlich dazu beitragen werden, um Ihr Ziel zu erreichen. Was können Sie mir da ganz kurz für unsere Zuschauer mit auf den Weg geben?"

Klient

Der Klient sucht auch hier einige Zeit nach den richtigen Worten:

„Ich habe das Coaching angestoßen, und das auch auf eigene Kosten."

Coach

„Okay. Das heißt, Sie haben Geld und Zeit investiert. Das ist auf jeden Fall ein guter Anfang. Was können Sie noch dafür tun?"

Klient

„Ich habe mich bereits über mögliche Fördermittel für Existenzgründer informiert. Weiterhin habe ich mit der

---

örtlichen IHK einen Beratungstermin vereinbart. Seminare, die man im Bereich Existenzgründung buchen kann, habe ich mich mir auch schon angesehen."

Coach

„Darf ich dann für unsere Zuschauer zusammenfassen, dass Sie sich eingehend mit dem Thema „Existenzgründung" auseinandergesetzt haben?

Was können Sie darüber hinaus noch tun?"

Klient

„Ich möchte endlich eine Entscheidung fällen. Dieser Zustand zwischen zwei Stühlen zu sitzen, ist auf die Dauer nicht tragbar und völlig unbefriedigend."

Coach

„Das heißt dann also letztendlich, dass Sie im Coaching eine Entscheidung treffen möchten, sofern diese gut vorbereitet ist."

Klient

„Wenn ich die Risiken abschätzen kann, dann ja."

Hier ist es ganz besonders wichtig, als Coach aktiv zuzuhören und die Informationen des Klienten zusammen zu fassen. Häufig lassen sich hier schon vorhandene Ressourcen ableiten.

Schritt 5:

Als Coach sind Sie immer noch in der Rolle des Reporters und bringen nun Ihre dritte Frage an:

Coach

„Nun sind unsere Fernsehzuschauer noch ganz besonders neugierig auf die Antwort auf die dritte Frage.

Was war bisher Ihr bester Lösungsversuch?"

Klient

Der Klient sucht auch hier wieder einige Zeit nach den richtigen Worten:

„Was wirklich Konkretes habe ich da eigentlich noch gar nicht

unternommen."

Coach *„Wirklich nichts. Denken Sie bitte noch einmal genau nach."*

Klient *„Na ja, ich habe in meinem Bekanntenkreis darüber gesprochen. Da hat sich kürzlich ein Freund von mir auch selbstständig gemacht. Wir haben dann mal so über seine Erfahrungen gesprochen."*

Coach *„Darf ich dann für unsere Zuschauer zusammenfassen, dass Sie sich eingehend mit dem Thema „Existenzgründung" auseinandergesetzt haben?*

Was können Sie darüber hinaus noch tun?"

Klient *„Ich kann einen Termin bei der IHK vereinbaren und eine Existenzgründung in Anspruch nehmen."*

Coach *„Dann kann ich also noch für unsre*

Zuschauer ergänzen, dass Sie zu einer Existenzgründungsberatung der IHK gehen werden?"

Klient

„Ja, das werde ich."

Schritt 6:

Die zehn Minuten sind rum, die der Reporter für das Interview zur Verfügung hatte. Das Material für den3minütigen Spot ist somit zusammen getragen. Nun bekommt der Klient ausreichend Zeit, seinen Spot vorzubereiten und vorzutragen. Ich als Coach übernehme an dieser Stelle die Rolle des Zuschauers.

Danach begeben sich Klient und Coach an den Tisch zurück. Ich habe mir den Spot im Fernsehen angesehen. Ich fasse mal kurz zusammen, was bei mir angekommen ist. Ggf. sind noch einige Hintergründe offen, die der Klient dann noch etwas näher erläutert. Aber meistens ist der „Fernsehspot" schon sehr präzise und enthält den Kern des Klienten.

Fragen die hilfreich sind – je nach Situation:

- ➢ Unter uns gesagt: Was erwarten Sie eigentlich von Ihrem Zuschauer – dem Coach?
- ➢ Was darf im Coaching auf keinen Fall passieren?
- ➢ Schauen wir mal in Ihr Umfeld. Gibt es da noch andere Menschen, die von Ihnen ebenfalls eine Veränderung in Ihrem Leben erwarten? Wenn ja – was wird von Ihnen erwartet?
- ➢ Gibt es Schnittstellen zwischen Ihrer Erwartung und der Ihres Umfelds?
- ➢ Stehen die evtl. im Widerspruch miteinander? Wie gehen Sie damit um?
- ➢ Stellen Sie sich vor, dass Sie morgen wach werden und Sie haben ungeheuer viel Mut und Kraft. Was tun Sie als erstes?
- ➢ Was davon – in kleinen Schritten – ist heute schon möglich?
- ➢ Gab es ähnliche Herausforderungen in der Vergangenheit? Wenn ja, wie haben Sie diese bewältigt?

Meine Notizen:

_____

_____

_____

_____

_____

_____

_____

_____

_____

_____

_____

_____

_____

_____

_____

_____

Drehen Sie den Film Ihres Lebens

Der Klient mit seinem Anliegen ist kein
Einzelgänger. Es hat vielmehr auch mit
anderen Menschen zu tun. Aber wer besetzt
welche Rolle in diesem System? Hierzu eignet
sich eine „Filminszenierung" bestens. Machen
Sie Ihren Klienten zum Regisseur im Film
seines Lebens. Das verschafft Klarheit für den
Klienten und für den Coach.

Ziele:

- Die Schauspieler bekommen ihre Rollen zugewiesen.
- Der Klient erkennt das Zusammenspiel der Schauspieler.
- Der Klient erkennt, wo er „ausgebremst wird" oder wo Unterstützung bekommt.

Fallbeispiel:

Das Erstgespräch mit einem Klienten.

Frau Vera S. ist einem mittelständischen Unternehmen als Personalleiterin beschäftigt. Sie führt ein Team von fünf Mitarbeitern. Ihre Arbeit mag Sie.

Nun macht sich bei Ihr Unsicherheit breit. Sie ist mit 29 Jahren als Personalleiterin sehr jung. Dies führt zu Akzeptanzproblemen bei älteren Mitarbeitern. Sie bekomme immer häufiger zu hören: „Das haben wir doch immer so gemacht." Es passiert immer wieder, dass sie über Dinge einfach nicht informiert wird. Es wird schlichtweg „vergessen".

Das Verhältnis in ihrem Team beschreibt Frau S. als harmonisch und konstruktiv. Ihr Team wünscht sich jedoch mehr Nähe zur Frau S. als Vorgesetzte. Frau S. jedoch wünscht sich etwas mehr Distanz. Hier steht sie in einem Zwiespalt.

Ein weiteres Anliegen, das Frau S. sehr stark beschäftigt, ist die Frage, ob das schon die Endstation Ihrer Karriere ist. Oder gibt es da noch etwas, was sie gerne erreichen möchte?

Häufig wird nun auch

Unzufriedenheit mir nach Hause genommen. Das führt natürlich zu Spannungen in der Partnerschaft und im Freundeskreis.

Fazit:

Das Leben von Frau S. hat viele Schnittpunkte zu anderen Menschen. Diese sind teilweise direkt betroffen – die Kollegen und ihr Team – aber teilweise auch indirekt, wie z. B. der Partner und der Freundeskreis.

Das offensichtliche Thema der Klientin ist: *„Ich weiß nicht genau, wie es weiter gehen soll."* Aber dahinter scheint es jede Menge Verstrickungen im System zu geben. Diese gilt es natürlich erst einmal zu lösen. So bekommen sowohl die Klientin als auch der Coach Klarheit darüber.

Aber wie lassen sich diese Verflechtungen in den Coaching – Raum holen?

Idee:

Ein Rollenspiel soll dem Klienten hier helfen, alle Verflechtungen zu visualisieren und zu erfassen. Die Klientin soll das Drehbuch zu Ihrem Film – dem Film ihres Lebens – schreiben. Sie bekommt die Aufgabe allen Schauspieler ihren Rollen zuzuteilen. Da die Klientin nun Regie führt, bestimmt sie, wer aus ihrer Sicht welche Rolle spielt. Im ersten Schritt geht es alleine um die Wahrnehmung der Klientin. Letztendlich beeinflusst das ja auch Ihr Fühlen, Denken und Handeln.

Schritt 1:

Coach

„Das hört sich ja fast an, wie eine verzwickte Filmserie. Jede Menge Schauspieler und verflochtene Handlungen scheinen hier eine Rolle zu spielen."

Klient

„Ja, so könnte man das ausdrücken."

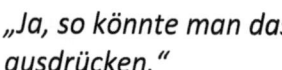

Coach

„An dieser Stelle möchte ich gerne vor diesem Hintergrund arbeiten. Ich möchte gerne verstehen, welcher Film gerade läuft. Wer spielt mit? Wer besetzt die Hauptrolle(n) und wer die Nebenrollen. Und wie genau sehen die einzelnen Rollen aus?"

Klient

Die Klientin ist skeptisch.

„Und was erreichen wir damit?"

Coach

„Der Kerngedanke dahinter ist, dass die Menschen abhängig von andern Menschen handeln. Sie sind Teil eines Systems. In diesem System beeinflussen sich alle, ohne es zu merken oder auch ohne es zu wollen. Das ist wie eine Kettenreaktion. Beispielsweise hat vielleicht einer Ihrer Kollegen das Gefühl, dass Sie ihn nicht mögen. Deshalb verhält er sich dann natürlich entsprechend abweisend. Sie bemerken das natürlich und verhalten sich auch

dementsprechend. Das löst natürlich im Kollegenkreis auch wieder bestimmte Reaktionen aus.

Sie können das mit einem Getriebe vergleichen. Wenn ein Rad nicht in die richtige Richtung läuft, ist das ganze System davon beeinflusst."

Klient

„Das klingt sehr logisch. Ich wüsste nur zu gerne, wo eigentlich die Ursache dafür ist, dass ich so häufig einfach übersehen werden."

Coach

„Diesem Anliegen gehen wir jetzt nach. Wir schauen jetzt erst einmal, welche Menschen welchen Anteil an Ihrer Situation, bzw. Ihrem Anliegen haben."

Schritt 2

Nun ist es wichtig, dass wir gemeinsam herausfinden, wer an der Situation beteiligt ist. Bitte unbedingt jeden Namen separat auf einer DIN A 5 Karteikarte notieren.

Hilfreiche Fragen können sein:

> ➢ Welche Kollegen sind die wichtigsten für Sie?

> ➤ Mit welchen Vorgesetzten haben Sie zu tun?
> ➤ Haben Sie eine Idee, wer dazu beiträgt, dass Sie häufiger mal vergessen werden?
> ➤ Wer unterstützt Sie oder steht hinter Ihnen?
> ➤ Gibt es evtl. weitere Kollegen, die Einfluss ausüben? Vielleicht aus anderen Abteilungen?
> ➤ Welche Rolle spielen Mitarbeiter? Welche die Geschäftsleitung?
> ➤ Erhalten Sie Rat aus Ihrem privaten Umfeld? Vom Partner? Von Freunden oder Bekannten?

Am Ende der Übung hat Frau S. 12 Karten mit Namen in der Hand.

Schritt 3:

Die Klientin bekommt nun die Aufgabe, die Karten bzw. die Personen in ihr Drehbuch einzubinden. Wer spielt eine Hauptrolle? Wer eine Rolle? Wer evtl. nur eine Nebenrolle? Frau S. ordnet vier Karten den Hauptrollen zu. Danach – nach reiflicher Überlegung – ordnet Sie fünf Karten den Rollen zu. Die verbleibenden drei Karten ordnet sie der Rubrik Nebenrolle zu.

Ich bitte die Klientin, die Schauspieler nach ihrer Wichtigkeit kategorisiert zum Set kommen zu lassen. Nachdem wir uns die Hauptrollen und Nebenrollen angesehen haben, entscheidet die Klientin, ob die Akteure der Nebenrollen noch auftreten sollen. Oder können wir evtl. auf sie verzichten.

Schritt 4

Coach

„Als erstes zeichnen wir nun den Set nur mit den vier Hauptdarstellern. Beachten Sie dabei bitte folgendes:

- ➤ *Welche Darsteller stehen sich nah?*
- ➤ *Welche sind eher distanziert zu einander?*
- ➤ *Und welche der fünf Hauptdarsteller sind am weitesten voneinander entfernt?*
- ➤ *Schauen Sie alle in die gleiche Richtung?*
- ➤ *Sind die Personen sich zu*

gewandt oder eher abgewandt von einander?

➢ *Gibt es evtl. Gruppen unter den Hauptdarstellern?*

➢ *Wie weit sind die Personen voneinander entfernt?*

Frau S. platziert den Geschäftsführer und den Betriebsleiter direkt nebeneinander. Diese beiden Darsteller sind sich zugewandt. *„Seit die beiden zusammen zum Kegeln gehen sind sie wie siamesische Zwillinge."*

Die nächste und neutrale Position erhält die Assistentin der Geschäftsleitung. *„Auf keinen Fall gehe ich davon aus, dass sie daran beteiligt ist."*

Alle Hauptdarsteller werden nach diesem Schema positioniert.

Schritt 5:

Nun bitte ich die Klientin in Ihrem Film die Regie zu übernehmen. Ich bitte Sie, mir den bisherigen Verlauf Ihres Films zu schildern:

Coach

„Damit es Ihnen etwas leichter fällt, gehen Sie so vor:

Das ist Herr Geschäftsführer. Seine Rolle in Verbindung mit Frau S. ist … Dann schildern Sie bitte was Sie wahrnehmen. Sie dürfen auch Ihre Vermutungen äußern. Lassen Sie Ihre Phantasie und Ihre Gedanken einfach fließen. Wir sind ja schließlich beim Film.

Wenn Sie von sich sprechen, dann bleiben Sie bitte in der dritten Person."

Klient

„Herr Geschäftsführer Ihr Verhalten gegenüber Frau S. irritiert mich. Sie lassen wichtige Informationen an Ihr vorbei gehen. Sie behandeln Frau S. so, als wäre sie ein unreifes Küken."

Schritt 6:

Die Klientin gibt mir als Coach nun eine Rollenbeschreibung ihrer Darsteller. Wenn die Klientin ins Stocken gerät, frage ich nach. Genauso gehe ich vor, wenn die Klientin sich unpräzise ausdrückt.

Nach und nach entsteht ein Bild mit immer klarer werdenden Konturen. Frau S. vermutet, dass der Geschäftsführer des Unternehmens sie wegen ihres Alters nicht für voll nimmt. Weiterhin vermutet sie, dass der Geschäftsführer den Betriebsleiter mit auf seine Seite gezogen hat. Dass ihre Mitarbeiter im Team sich mehr Nähe zu Frau S. wünschen erklärt Frau S. damit, dass das Team gut zusammen gewachsen ist. Die Mitarbeiter wünschen in der Hinsicht keine Veränderung und daher rührt der Wunsch nach mehr Nähe zur Personalleiterin.

Schritt 7:

Nun frage ich die Klientin, welche Darsteller der Rollen und Nebenrollen evtl. noch wichtige Aspekte einbringen könnten. Die Klientin erweitert das Schauspielteam um ihren Partner und ihre Freundin.

Die Zeichnung des Sets wird ergänzt und die Klientin beschreibt die Rollen ihres Partners und ihrer Freundin.

Schritt 8:

Nach ca. 30 Minuten ist das komplexe Anliegen mit Blick auf die Beteiligten sortiert.

Die Klientin – das fällt ihr selbst auf – weiß relativ wenig über die Darsteller, wie z. B. deren Bedürfnisse oder wie sie sich gegenseitig beeinflussen. Die Arbeit am Ziel kann nun beginnen. Dieses muss mit ihrem eigenen Verhalten zu tun haben.

Weitere hilfreiche Fragen:

Wie hätte Ihr Geschäftsführer wohl den Set gezeichnet?

➢ Stellen Sie sich vor, Sie können einen Oscar für die beste Nebenrolle vergeben. Wer würde diesen Preis erhalten und warum?
➢ Beschreiben Sie bitte die Schlüsselszenen Ihres Films?
➢ Wenn die Schauspieler beim Film ihren Text vergessen haben, bekommen Sie Unterstützung. Wer gibt wem in Ihrem

Film evtl. den Text vor? Und welchen Text?

➤ Stellen Sie sich vor, Sie könnten eine neue Rolle besetzen, die für Sie sehr nützlich ist. Wer käme noch auf die Bühne?

Meine Notizen:

_____

_____

_____

_____

_____

_____

_____

_____

_____

_____

_____

_____

_____

_____

_____

_____

_____

_____

Rücken Sie die Dinge ins Bewusstsein des Klienten

Jeder Mensch hat ein Selbstbild von sich in seiner Vorstellung. Sicherlich ist diese an manchen Stellen unklar. Vergleichen wir die Situation mit einem sog. Selfi, d. h. der Klient macht ein Foto von sich selbst. Häufig kommt es bei diesen Aufnahmen vor, dass einige Teile im Dunkeln liegen – genau wie die Wahrnehmung des Klienten. Andere Teile des Bildes sind vielleicht unvollständig. Wieder andere Teile sind vielleicht nur verzerrt vorhanden.

Helfen Sie Ihrem Klienten ein klares Selbstbild zu entwickeln. Nur wer weiß wer er ist, der weiß auch was er will.

Ihre persönliche Presse - Konferenz

Wer oder was bestimmt eigentlich darüber, was Menschen tun oder lassen? Das ist ganz einfach – es ist das, was der Mensch über sich denkt. Haben Sie einen Klienten, der aus Selbstvorwürfen und Anklagen besteht? Diese Vorwürfe hemmen den Klienten natürlich. Helfen Sie ihm seinen Antrieb zu finden und – ganz besonders wichtig – auch zu nutzen.

Ziele:

- Der Klient betrachtet sich aus einer neutralen Position heraus. Er wird sich selbst gegenüber wohlwollender.
- Der Weg des Klienten führt weg von seinen Schwächen und hin zu seinen Stärken.
- Negative Glaubenssätze bekommen eine positive Umwandlung.

Fallbeispiel:

Das Erstgespräch mit einer Klientin.

Die Betriebswirtin Sandra K. (39) möchte gerne nach 9jähriger Familienpause wieder in Ihren Beruf zurück. Dass sie seit ca.

einem Jahr keine Festanstellung findet belastet sie sehr.

Im Nachhinein hält sie den Entschluss, die Familienpause einzulegen für falsch. Sie sieht hier die Ursache dafür, dass sie keine Anstellung findet.

„Das sind jetzt die Konsequenzen für die lange Pause."

„Ich hätte nach zwei Jahren wieder arbeiten müssen."

„Wäre ich am Ball geblieben, dann hätte ich das Problem jetzt nicht."

Die Klientin besteht aus lauter Selbstanklagen. Sie sieht es als ihre Strafe an, dass sie keinen Job findet. Sie denkt, dass dies völlig gerechtfertigt ist.

Fazit:

Die Klientin fühlt sich nach ihrer eigenen Aussage als „Looser". Wer sich selbst für einen „Looser" hält, der wird auch häufig vom Umfeld so wahrgenommen. Daher ist hier eine Selbstklärung sehr wichtig. Erfolg ist erst dann wahrscheinlich, wenn Menschen mit sich selbst im Reinen sind. Es ist wichtig, dass sie ihre Energie in ihr Handeln einbringen. Daher ist der erste Schritt, dass die Klientin ihre Selbstvorwürfe „aus der Welt schafft."

Idee:

Ein Rollenspiel soll der Klientin helfen ihre Selbstvorwürfe aus einer neutralen Position zu betrachten.

Dieses Rollenspiel soll ihr helfen, sich von den Selbstvorwürfen zu „befreien".

Schritt 1:

Ich lade die Klientin zu einem Rollenspiel ein. Ich gehe davon aus, dass es in ihr einen Dialog gibt. D. h. es gibt einen Ankläger und einen Verteidiger. Dieses Rollenspiel soll der Stimme des *„Verteidigers"* mehr Gewicht verleihen.

Coach

„Die Vorwürfe Ihnen gegenüber haben Sie mir ja eingehend geschildert. Gibt es in Ihnen vielleicht zwei Stimmen? Damit meine ich, dass eine Stimme die Vorwürfe sehr emsig unterstützt, während eine zweite Stimme eher die Verteidigung übernimmt."

Klient

„Ja, das stimmt."

Coach

„Ich lade Sie jetzt zu einem Rollenspiel ein. Das Ziel dieses Rollenspiels ist, dass die Stimme der Verteidigung mehr Gewicht bekommt.

Ich glaube, es ist jetzt wichtig für Sie hinter sich selbst und Ihrem Anliegen zu stehen.

Stellen Sie sich vor, Sie sind eine berühmte Schauspielerin. Wie das häufig ist, brodelt die Gerüchteküche ständig. Die neusten Gerüchte sind Ihre

Selbstanklagen. Sie beauftragen Ihren Manager auf einer Pressekonferenz zu diesen Gerüchten um Ihre Person Stellung zu nehmen. Ziel ist es natürlich, in der Öffentlichkeit Ihr Image als erfolgreiche Schauspielerin zu bewahren. Und jetzt lassen Sie bitte Ihren Manager zu Wort kommen, wie er auf der Pressekonferenz die Gerüchte ausräumt. D. h. verteidigen Sie sich gegen Ihre Selbstanklagen. Gestalten Sie dies so überzeugend wie möglich. Es darf auch ruhig emotional und wortgewaltig sein. Schließlich geht es ja um Ihr Ansehen in der Öffentlichkeit. Bereiten Sie sich auf die Pressekonferenz vor. Diese folgt allerdings erst später."

Schritt 2:

Coach

„Wir gehen nun bei unserem Rollenspiel noch etwas mehr in die Tiefe. Vor der geplanten Pressekonferenz geben Sie einem Reporter ein Interview. Ich übernehme jetzt die Rolle des Reporters, der Ihrem Manager Fragen zu den Gerüchten stellt:

- *Wie genau lauten die Gerüchte um die Schauspielerin Sandra K.?*
- *Welches Gerücht ist das schwerwiegendste?*
- *Gegen welche Regeln hat die Schauspielerin Sandra K. verstoßen?*
- *Handelt es sich bei den Gerüchten um eine gezielte Handlung oder ist die Schauspielerin Sandra K. in eine Falle getappt?"*

Aus der neutralen Position des Managers gelingt es der Klienten nun, ihre Vorwürfe Stück für Stück aufzulisten. Der Reporter schreibt fleißig mit.

Gerüchte um die Schauspielerin Sandra K. (stark verkürzte Version):

- Sandra K. hat leichtfertig Ihr Berufsleben aufgegeben. Auf eine Teilzeitbeschäftigung hat sie aus unerklärlichen Gründen verzichtet, obwohl das neben der Kinderbetreuung möglich gewesen wäre.
- Sandra K. hat darauf verzichtet, ...

Schritt 3:

Nun bitte ich die Klientin – in ihrer Rolle als Manager – sich mit den Gerüchten zu befassen. Sie soll die Erklärungen für die Pressekonferenz anfertigen. Natürlich sollen die Gerüchte ausgeräumt werden. Das Image der Schauspielerin steht ja schließlich auf dem Spiel. Davon muss die Klientin – in der Rolle des Managers – die Reporter auf der Pressekonferenz überzeugen.

Coach

„Gerne können Sie sich hierfür Ihre „Bühne" einrichten – Stühle für die Reporter; Tisch und Stuhl für den Manager ...."

Nun macht der Manager sich Notizen und bereitet seine Presseerklärung vor.

Die Klientin betrachtet ihre Selbstanklagen nun aus einer völlig anderen Perspektive. Sie sieht das Ganze aus der Distanz.

Coach

„Bitte sprechen Sie während Ihrer Presseerklärung unbedingt in der dritten Person, z. B. die Schauspielerin Sandra K. hat …

Schritt 4:

Nun ist es soweit: Die Pressekonferenz beginnt. Ich schlüpfe als Coach ganz kurz in die Rolle eines Reporters und „verlese" die Gerüchte.

Dann erhält der Manager der Schauspielerin – die Klientin selbst – Zeit, ihre Presseerklärung vorzutragen.

Klient

„Hier handelt es sich um ungeheure Gerüchte. Es wird behauptet, sie habe sich leichtfertig aus dem Berufsleben zurückgezogen. Doch was daran gibt Anlass zur Kritik? Dass sie zwei Kinder bekommen

hat?"

(Verkürzte Wiedergabe)

Schritt 5:

Die Klientin nimmt nun auf den Stühlen der Reporter Platz. Hier soll sie sich in deren Rolle versetzen. Wichtig ist, dass Sie einige Zeit bekommt, sich in ihre neue Rolle einzufinden. Auch braucht sie Zeit, ihre Presseerklärung nachwirken zu lassen.

Dann frage ich – Coach – als Pressesprecher nach:

Coach

- *„Verehrte Journalisten, was an der Presseerklärung hat Sie am meisten überzeugt?*
- *Welche Gerüchte können wir als ausgeräumt betrachten?*
- *Was an Ihrer Sichtweise auf die Schauspielerin Sandra K. hat sich verändert? Was stellt sich jetzt anders dar?"*

Schritt 6:

Nun nimmt die Klientin wieder ihre eigene Rolle ein. Suchen Sie – als Coach – mit ihr einen Platz, von wo sie das Szenario der Pressekonferenz noch vor Augen hat. Und nun fragen Sie als Coach Ihre Klientin, was sich durch das Rollenspiel verändert hat.

Coach

- Was hat sich stimmig angefühlt?
- Welche Gerüchte sind vom Tisch?
- Welche positiven Erkenntnisse stehen an deren Stelle, insbesondere mit Blick auf das Ziel?

Nun ist es wichtig, der Klientin weitere Erkenntnisse zu verschaffen. Dazu formuliere ich weitere Fragen – manchmal auch schriftlich – an meine Klientin:

- Welche Veränderungen haben sich ergeben, als Sie Ihre Selbstvorwürfe aus der Sicht des Managers betrachtet haben?

- Gibt es ein bestimmtes Muster hinter den einzelnen Vorwürfen?
- Welcher Vorwurf scheint Ihnen jetzt am lächerlichsten?
- Gibt es Argumente des Managers, die vorher schon die innere Stimme Ihrer Verteidigung vorgebracht hat?
- Jetzt ist es wichtig, dass Sie den Argumenten auch im Alltag Gewicht verleihen. Wie können Sie das erreichen?
- Welche Menschen können Sie dabei evtl. unterstützen?

Meine Notizen:

_____

_____

_____

_____

_____

_____

_____

_____

_____

_____

_____

_____

_____

_____

_____

_____

_____

Bauen Sie eine Brücke .....

Viele Menschen haben Visionen. Ihr Wunschbild nimmt Raum in ihrem Kopf ein. Visionen und Realität sind jedoch zwei Welten. Wie können Sie – als Coach – diese Welten miteinander verbinden? Ganz einfach – bauen Sie eine Brücke und helfen Sie Ihrem Klienten, seine Visionen zu verwirklichen.

Ziele:

- Der Klient setzt sich mit seinen Visionen auseinander.
- Der Klient bekommt positive Energie.
- Es entsteht eine Brücke zwischen Traum und Vision.

Fallbeispiel:

Das Erstgespräch mit einem Klienten:

Klaus B. hat sich „festgefahren". Er fühlt sich, als ob er in einer winterlichen Schneewehe feststeckt. Vor zwei Jahren hat er sein Studium in Betriebswirtschaftslehre abgeschlossen. Seitdem arbeitet er als Personalreferent in einem mittelständischen Unternehmen.

„Es kommt in unserem Unternehmen leider nicht auf Kreativität an. Alles geht nach Schema F. – Das haben wir doch schon immer so gemacht. Wenn ich diesen Weg einhalte, habe ich einen tollen Job gemacht. Zumindest sieht die Geschäftsleitung das so.

Aber ich möchte gerne frischen Wind in die Personalentwicklung bringen. Doch alle meine Ideen werden abgeschmettert. Auch sehe ich für mich überhaupt keine Perspektive. Ich möchte meine Kreativität auch gerne in die Tat umsetzen. Jetzt sehe ich mich mehr und mehr als Verwalter von „alten Hüten".

Fazit:

Wie treffen wir meistens unsere Entscheidungen? Emotional oder sachlich / logisch? In der Erziehung werden wir häufig dazu angehalten, dass das rationale

Denken unser Weg sein sollte.

Sätze wie „Lass das Träumen." oder „Hör auf zu spinnen." oder „Bleib mal auf dem Teppich." tragen dazu bei. Aber was ist mit den Neigungen unseres Herzens? Sie bleiben zwangsläufig auf der Strecke. Wir treffen häufig Entscheidungen, die uns logisch erscheinen. Aber sind diese Entscheidungen auch stimmig? Ein halbherziges (Berufs-)Leben ist häufig die Folge.

Idee:

Nun ist es wichtig, die Aufmerksamkeit des Klienten genau dort hin zu lenken – auf seine Herzensangelegenheiten. Bauen Sie Ihrem Klienten eine Brücke zu seinen Visionen. Dort schlummern nämlich seine verborgenen Energien. Lassen Sie Ihren Klienten die Botschaften seiner Visionen deuten. Was bedeutet das für ihn.

Schritt 1:

Die Außenwelt erscheint dem Klienten öde. Daher lenke ich erst einmal die Aufmerksamkeit des Klienten auf seine innere Welt – auf seine Visionen.

Coach

„Sie haben mir gerade Ihre momentane Situation geschildert. Sie sind damit nicht zufrieden. Das lässt für mich den Rückschluss zu, es gibt „zwei Welten" in Ihrer Wahrnehmung. Einerseits haben wir die Wirklichkeit und andererseits haben wir Ihre Visionen.

Lassen Sie uns zwischen Ihren Welten eine Brücke bauen. Wir nehmen Ihre Wünsche mal unters Mikroskop. Wir schauen mal, was diese Ihnen sagen wollen. Sind Sie damit einverstanden?"

Der Klient nickt bestätigend.

Schritt 2:

Erklären Sie Ihrem Klienten die Vorgehensweise.

Coach

„Haben Sie schon einmal etwas über Traumdeutung gehört? D. h. jemand analysiert einen nächtlichen Traum unter dem Mikroskop. Bilder und Symbole werden genau betrachtet. Wir gehen jetzt in zwei Schritten vor:

1. *Sie schlüpfen in die Rolle des Träumers. Sie erzählen einfach Ihren Traum von dem Berufsleben, wie es Ihrer Traumvorstellung entspricht.*
2. *Danach nehmen Sie Ihren Traum unters Mikroskop – sozusagen als Traumdeuter.“*

Klient

Der Klient erzählt von seiner Vision (stark verkürzte Version).

„Ich sehe mich als Personalreferent und stelle ein Weiterbildungskonzept auf die

Beine, dass für die Mitarbeiter wirklich hilfreich ist. So ist es mir möglich, die Effizienz des Unternehmens zu steigern. Ich biete den Mitarbeitern die Möglichkeit sich zu qualifizieren. Dadurch erreiche ich, dass die Mitarbeiter sich mit dem Unternehmen identifizieren. Auch im Bereich Projektmanagement könnten wir unsere Projekte erfolgreicher abschließen, statt den Meilensteinen nur nachzulaufen."

Schritt 3:

Leiten Sie jetzt den Rollenwechsel ein. Lassen Sie Ihren Klienten jetzt in die Rolle des Traumdeuters schlüpfen. Helfen Sie Ihrem Klienten durch Denkanstöße:

Coach

„Sie haben mir gerade Ihre Vision erzählt. Jetzt versetzen Sie sich bitte in die Rolle des Traumdeuters. Sie schauen also als neutrale Person auf Ihre Vision. Was können Sie daraus ableiten, z. B. Symbole oder Wünsche? Worum geht es dem

Visionär?"

Klient

„Ich glaube der Visionär möchte mehr Nähe zu den Mitarbeitern im Unternehmen. Er möchte gerne wissen, was sie wirklich bewegt."

Coach

„Der Visionär sagte, er wolle ein Weiterbildungskonzept auf die Beine stellen. Was bedeutet das?"

Klient

„Der Visionär möchte, dass Qualifikation für alle Mitarbeiter im Betrieb möglich ist. Dieses soll nicht von der Hierarchie abhängig sein. Es gefällt dem Visionär überhaupt nicht, dass Mitarbeiter in gehobenen Positionen hier immer sehr bevorzugt werden."

Coach

„Der Visionär äußert den Wunsch, dass die Mitarbeiter sich mit dem Unternehmen identifizieren. Was genau heißt das für ihn?"

Klient

„Es ist dem Visionär wichtig, die relativ hohe Fluktuation zu verringern. Die Mitarbeiter sollen sich mit dem Unternehmen identifizieren und dort Perspektiven finden."

Schritt 4:

Bitten Sie Ihren Klienten nun aufzuschreiben, welche Botschaften die Vision enthält. Geben Sie dem Klienten den Satzanfang vor: *„Dem Visionär ist es wichtig, dass ...."*

Der Klient bildet einige Sätze:

- Dem Visionär ist es wichtig, dass alle Mitarbeiter die Möglichkeit zur Qualifikation erhalten.
- Dem Visionär ist es wichtig, dass er Nähe zu den Mitarbeitern entwickelt. Er möchte wissen, was sie bewegt.
- Dem Visionär ist es wichtig, dass die Fluktuation sich verringert und die Belegschaft zu einem Team zusammenwächst. ....

Schritt 5:

Nun verlässt der Klient die Rolle des Traumdeuters. Er ist wieder der Personalreferent im Coaching.

Coach *„Wir hatten ja gerade den Traumdeuter zu Besuch. Für Sie hat er aufgeschrieben, welche Botschaften er aus Ihrer Vision ableitet. Lesen Sie doch bitte die Sätze mal laut vor. Sie können die Sätze ruhig etwas nachklingen lassen. Konzentrieren Sie sich darauf, ob die Aussagen für Sie stimmig sind.“*

Nun liest der Klient die Aussagen des Traumdeuters vor. Bei den meisten Aussagen – insbesondere der, er wolle ein Weiterbildungskonzept entwickeln – nickt er bestätigend mit dem Kopf.

Schritt 6:

Fordern Sie Ihren Klienten auf, die „Wichtig ist, dass ...“ – Sätze noch einmal durchzugehen. Der Fokus liegt auf dem jetzigen Beruf des Klienten. Zusätzlich soll der Klient Sterne vergeben:

- Ein Stern bedeutet „überhaupt nicht erfüllt"
- Zehn Sterne bedeuten „vollkommen erfüllt".

Übung:

Der Klient hat sich drei Punkte für eine Aussage gegeben. Helfen Sie ihm nun, sich die Ressourcen für diese Punktzahl bewusst zu machen. Lassen Sie sich fünf Fragen einfallen:

- Drei ist ja nun deutlich mehr als Eins. Was ist auf der Drei besser als auf der Eins?
- Was fällt Ihnen auf der Drei leichter als auf de Zwei?
- Wie haben Sie es hinbekommen, von einer Eins auf die Drei zu kommen – oder die Drei zu halten?
- Gibt es Tage oder Situationen, in denen die Zahl höher ausfällt? Wenn ja, welche sind das?
- Welche Personen aus Ihrem Umfeld würden von Ihnen einen höheren Wert erhalten? Und warum?
- Wie könnte es Ihnen gelingen, dass Sie dauerhaft auf einen höheren Wert kommen?
- Wie könnte das in Ihrer Firma funktionieren?

Diese Fragen sollen dem Klienten helfen, einen Weg zu finden, im jetzigen Berufsleben einen höheren Anteil seiner Visionen zu realisieren. Gleichzeitig werden auch Grenzen aufgezeigt, z. B. der evtl. Wechsel von Beruf oder Arbeitgeber.

Der Personalreferent hat nach ca. 9 Monaten zu einem Konzern gewechselt. Hier betreut der in der betriebsinternen Akademie die Weiterbildungs- und Qualifizierungskonzepte de Mitarbeiter.

Meine Notizen:

_____

_____

_____

_____

_____

_____

_____

_____

_____

_____

_____

_____

_____

_____

_____

_____

_____

www.regina-zeh-coaching.de

Fantasiereise in verschiedene Zeitzonen

Wo gibt es die spannendsten Reisen? Im Reisebüro? Wohl kaum. Die spannendsten Reisen sind die, die uns in unsere eigene Zukunft oder Vergangenheit führen. In der Zukunft begegnet der Klient seinen Visionen. In der Vergangenheit stößt er auf die Ressourcen, die für die Verwirklichung der Visionen hilfreich sind.

Ziele:

- Der Klient lässt die Gegenwart los.
- Er nimmt sich selbst in der Zukunft wahr.
- Der Klient baut seine Visionen aus und wird sich seiner Ressourcen bewusst, die er dazu benötigt.

Fallbeispiel:

Wir wenden uns noch einmal Markus T zu:

Herr Markus T. kommt am ersten Tag zum vereinbarten Termin zum Coaching. Er ist einer Bank beschäftigt. Seine Aufgabe ist die

Vergabe und der Vertrieb von Krediten an Geschäftskunden. Seine Arbeit bietet ihm keinerlei Herausforderung mehr. Er erzählt sehr ausführlich von seiner Unzufriedenheit mit seiner beruflichen Situation. Manchmal – wenn er Außendiensttermine hat – fährt er schon um 15:00 Uhr nach Hause. Es merkt ja eh keiner und interessiert auch keinen wirklich.

Die Gedanken die Herr T. äußert ähneln einer Achterbahn auf der Kirmes. Es geht auf und ab. Mal spricht er von seiner Unzufriedenheit im Job, dann kommt er wieder auf eine geplante Veränderung in Richtung Selbstständigkeit. Dann wieder erzählt er von seinem Abteilungsleiter, der ihn überhaupt nicht versteht. Daher verlaufen Gespräche zwischen dem Klienten und dem Abteilungsleiter auch meistens ohne Ergebnis.

Bei der Übung „Der rasende Reporter" hat sich für Herrn T. herauskristallisiert, dass er eine evtl. Selbstständigkeit plant. Er möchte im Coaching den richtigen Weg für sich finden.

Fazit:

Entscheidungen fällen wir in der Gegenwart. Welche Maßstäbe nehmen wir als Grundlage dafür? Meistens unsere Erfahrungen, die wir in der Vergangenheit gemacht haben. Wann spüren wir die Auswirkungen unserer Entscheidungen? Natürlich in der Zukunft. Daher ist es mir wichtig, dass der Klient die drei Räume Vergangenheit, Gegenwart und Zukunft in seiner Entscheidungsfindung Raum gibt.

Idee:

Reisen Sie mit Ihrem Klienten in seine Vergangenheit und in seine Zukunft. Dieses Abenteuer ermöglicht eine fantasievolle Zeitreise. Lassen Sie Ihren Klienten seine Vergangenheit erforschen.

Erfahrungen, Werte und Ressourcen die er dort findet, helfen ihm stimmige Entscheidungen zu treffen. Danach lassen Sie Ihren Klienten die Bühne seiner Zukunft betreten. Wenn er sich die Welt im Detail vorstellen kann, wird er sie auch herbeiführen können. Ein Drehbuchautor stellt sich seinen Film auch erst in Gedanken vor – dann beginnt er mit dem Schreiben.

Begeben Sie sich mit Ihrem Klienten auf eine Fantasiereise in die verschiedenen Räume.

Schritt 1:

Motivieren Sie Ihren Klienten zu einer Fantasiereise. Finden Sie heraus, wie weit er in die Zukunft reisen will. Was ist sein Ziel in dem anvisierten Raum der Zukunft?

Coach

„Ich habe herausgehört, dass Sie ganz gespannt auf Ihre Zukunft sind. Wollen Sie es sich einfach mal anschauen? Einfach mal spüren,

wie sich das Ganze dann anfühlt? Wagen wir doch einfach mal ein kleines Gedankenspiel und reisen in Ihre Zukunft. Stellen Sie sich vor, Sie gehen in ein Fantasiereisebüro und buchen eine Reise in die Zukunft. Wieweit genau wollen Sie reisen?"

Klient

„Dann reise ich ein Jahr in die Zukunft."

Coach

„Warum gerade ein Jahr? Es hätten ja auch zwei oder drei Jahre sein können."

Klient

„Bis dahin bin ich die entscheidenden Schritte gegangen. Das habe ich mir als Ziel gesetzt."

Coach

„Okay, dann auf zum Flughafen."

Schritt 2:

Stellen Sie Ihrem Klienten den Reiseplan und die Verbindung zwischen den einzelnen Zeitzonen vor. Das kann z. B. so aussehen, dass Sie um den Stuhl des Klienten drei Moderationskarten beschriften mit „Vergangenheit", „Gegenwart" und „Zukunft". Legen Sie diese Karten im Kreis aus und legen Sie von jeder Karte eine Verbindung zum Stuhl des Klienten, z. B. Schleifenband o. Ä. auf den Boden.

Coach

„Wir befinden uns hier am Startflughafen. Wie Sie sehen gibt es nur drei Zielflughäfen:

- *Vergangenheit*
- *Gegenwart*
- *Zukunft.*

Sie können jetzt dorthin fliegen, wohin Sie Ihre Aufmerksamkeit lenken. Noch ein kleiner Hinweis an Sie. Am Ankunftsflughafen „Zukunft" ist mit starkem Nebel zu rechnen, d. h. es werden nicht immer klare Bilder zu erkennen sein. Das Wichtige werden Sie jedoch erkennen und spüren. Ich werde Ihnen dabei mit einigen Fragen helfen. Nun schnallen Sie sich bitte an, wir starten in wenigen Minuten."

Schritt 3

Nun beginnt unser Flug mit dem Zielflughafen *„Zukunft"*. Ich gehe davon aus, dass mein Klient sein Ziel erreicht hat. Durch gezielte Fragen kläre ich nun mit ihm, wo er sich befindet. Außerdem möchte ich natürlich noch wissen, wie er dorthin gekommen ist und was sich in seinem Leben verändert hat.

Wenn er mal keine genaue Antwort geben kann, ermuntere ich ihn zu raten oder sogar zu spekulieren. Dadurch beziehe ich seine Intuition mit ein:

„Und jetzt schließen Sie bitte die Augen. Wir haben soeben Starterlaubnis erhalten. Sie spüren jetzt wie wir langsam abheben. Wenn Sie aus dem Fenster schauen, sehen Sie die Kalendertage vorbeiziehen – der heutige Tag – der morgige Tag – die ganze Woche – der ganze Monat. Die Jahreszeiten ziehen an Ihnen vorüber. Es ist jetzt Winter, dann

Frühling, dann Sommer, dann Herbst und wir kommen wieder im Winter an. Und nun sind wir im Anflug auf den Flughafen „Zukunft" und landen auf der Landebahn 15. Februar 2017.

- *Sie sind nun selbstständig tätig. Wie fühlt sich das an?*
- *Was hat sich für Sie verändert?*
- *Sie gehen auch jetzt natürlich jeden Morgen zur Arbeit? Hat sich Ihr Gefühl dort verändert?*
- *Stellen Sie sich vor, Sie treffen einen alten Schulfreund wieder. Sie haben diesen Freund sehr lange nicht gesehen. Was glauben Sie, woran dieser merkt, dass sich etwas Entscheidendes in Ihrem Leben verändert hat?*
- *Sie sind auf dem Weg in die Selbstständigkeit entscheidende Schritte gegangen. Wann war das?*
- *Wie sieht Ihren Arbeitsplatz jetzt genau aus? Können Sie ihn beschreiben?*

- *Gibt es einen bevorzugten Kunden, mit dem Sie am liebsten zusammen arbeiten?*
- *Was sind jetzt die Highlights in Ihrem Leben?*
- *Gibt es Dinge, die Ihnen schwerfallen?*
- *Gibt es Menschen, die Ihnen in diesem Jahr wichtig geworden sind? Wenn ja, welche?*
- *Gibt es evtl. auch Menschen, zu denen Sie jetzt mehr Distanz haben?*
- *Was ist in Ihrem Leben jetzt Ihre Kraftquelle?"*

Es gibt durchaus Klienten, die die Fragen erst einmal auf sich wirken lassen und nicht sofort antworten. Lassen Sie Ihrem Klienten – je nach seiner Vorliebe – sich die Antworten ausmalen und am Ende der Fantasiereise einbringen.

Mein Klient Markus T. sieht sich in einem kleinen Büro im Gebäude einer Finanzberatung – arbeitet dort aber selbstständig. Einige Kunden schenken ihm nach wie vor ihr Vertrauen. Was für ihn besonders wichtig ist, dass er sich wieder motiviert und mit Freude zur Arbeit gehen sieht. Auch sieht er, dass er es schafft loszulassen, damit er einen unbelasteten Neuanfang hat.

Schritt 4:

Ich begebe mich nun mit meinem Klienten an den Ausgangsflughafen zurück. Bei dieser Reise lautet der Zielflughafen *„Vergangenheit"*. Der Klient wählt die Landebahn in der Vergangenheit, d. h. den Zeitpunkt.

Mit gezielten Fragen helfe ich dem Klienten, sich seiner Ressourcen bewusst zu werden.

1) *„Wo genau stehen Sie?*
2) *Welche Herausforderungen sehen Sie?*
3) *Wie haben Sie Ihr Ziel erreicht?*
4) *Was waren die entscheidenden Schritte?*
5) *Wer hat Sie unterstützt?*
6) *Wie haben Sie die notwendigen Ressourcen mobilisiert?*
7) *Wie sah Ihre Zielplanung aus? Sind Sie schrittweise vorgegangen?*
8) *Was hat Ihnen Kraft gespendet?*
9) *Wie hat sich das angefühlt, als Sie Ihr Ziel erreicht hatten?*
10) *Was hatte sich verändert?"*

Die Fragen hängen natürlich stark davon ab, was der Klient in der Zukunft gesehen hat.

Schritt 5

Nun begebe ich mich mit meinem Klienten auf die dritte Reise – nämlich in Gegenwart auf die Landebahn 15. Februar 2016 (heutiges Datum).

Es ist jetzt besonders wichtig, die Verbindung zwischen den Zeiten herzustellen. Welche Ressourcen gab es in der Vergangenheit, die für die Zukunft nützlich sind. Genauso wichtig ist es, aus den Bildern der Zukunft wichtige Schritte für die Gegenwart abzuleiten.

Beispiel:

- Wo findet er seine Büroräume?
- Wann sollte er kündigen?
- Welche fachlichen Beratungsstellen – Steuerberater, Rechtsanwalt etc. – nimmt er vorher noch in Anspruch nehmen?

Weitere mögliche Fragen:

- Nehmen wir mal an, bei Ihrer Reise in die Zukunft wären Sie auf der Landebahn heute in einer Woche gelandet. Welche Schritte hätten Sie bis dahin schon in Angriff genommen?
- Wo sehen Sie sich, wenn Sie auf der Landebahn heute in fünf Jahren gelandet wären?
- Welche Bilder in Ihrer Zukunft waren für Sie besonders klar zu erkennen?
- Welche Bilder waren eher unscharf?
- Was können Sie heute tun, um diese Bilder klarer zu sehen?
- Sie planen ja nun eine entscheidende Veränderung in Ihrem Leben. Welchen Veränderungen, die Sie erfolgreich abgeschlossen haben, sind Ihnen bei Ihrer Reise in die Vergangenheit „über den Weg gelaufen"?
- Mit welchen Ressourcen haben Sie diese Veränderungen bewältigt?
- Was können Sie tun, um auf diese Ressourcen erneut zugreifen zu können?

- Gibt es etwas in Ihrer Vergangenheit,
  was Sie heute anders machen würden?
  Welche Lehre können Sie daraus
  ziehen?

Meine Notizen:

_____

_____

_____

_____

_____

_____

_____

_____

_____

_____

_____

_____

_____

_____

_____

_____

_____

_____

Das Ziel im Auge behalten: „Wo soll die Reise hingehen?"

Coaching kann mit Verreisen verglichen werden. Aber was ist eine Reise ohne Ziel? Häufig leiden Menschen stark an Ihrem Ausgangsflughafen, dass sie geneigt sind, den nächsten Flug zu nehmen. Es ist ihnen dabei häufig völlig egal, wo dieser Flug hingeht. Die Hauptsache ist, „ich komme weg von hier." Das erinnert häufig an eine Flucht.

Coachingreisen hingegen haben sehr wohl ein Ziel. Das Ziel ist das was der Klient im Visier hat, d. h. seine persönliche Lebensplanung oder seine persönlichen Wünsche. Welches Ziel fühlt sich für den Klienten stimmig an? Ehe er sich auf die Reise zu seinem Ziel begibt sollten die Einzelheiten, wie das Ziel aussieht, geklärt sein. Welche Route ist die Beste? Was kostet das Flugticket dorthin? Welche Ressourcen habe ich schon? ....

Die Biografie Ihrer Zukunft

Biografien geben die Vergangenheit eines Menschen wieder. Bringen Sie Ihren Klienten doch einmal dazu, den Blick in Richtung Zukunft zu lenken. Dadurch schaffe er sich einen roten Faden, der ihn zielsicher in *die* Zukunft führt, *die* er sich wünscht.

Ziele:

- Der Klient entwickelt einen Rahmen für seine Zukunft.
- Der Weg zum Ziel wird in Etappen gegliedert.
- Der Klient klärt für sich, wo er noch Ressourcen – z. B. Fortbildung – mobilisieren muss.

Fallbeispiel:

Das Erstgespräch mit einem Klienten.

Joachim B. arbeitet seit 5 Jahren bei einer Anwaltskanzlei für internationales Wirtschaftsrecht. Seine Tätigkeit ist mit sehr viel Reisetätigkeit verbunden. Familie und Freundeskreis leiden sehr darunter. Im Coaching sagt er: *„So geht das einfach nicht mehr weiter. Es muss sich dringend* *etwas ändern."* Er weiß noch nicht genau, wie die Zukunft aussehen soll. Er möchte jedoch in seiner eigenen Kanzlei arbeiten.

Idee:

Jeder weiß, dass sich die Biografie eines Menschen ausschließlich auf die Vergangenheit bezieht. Es geht um konkrete Stationen im Leben eines Menschen, aber eben nur Vergangenes.

Fürs Coaching ist hier ein Wechsel der Blickrichtung in die Zukunft enorm hilfreich. Verbindlichkeit und Fantasie werden mit einander kombiniert. Der Kreativität, die dabei entsteht, erhält eine hohe Verbindlichkeit.

Weisen Sie Ihren Klienten darauf hin, dass es sich bei seiner „Biografie der Zukunft" nicht um ein Gesetz handelt. Er darf durchaus so lange verändern, bis es für ihn stimmig ist.

Schritt 1

Ich schlage dem Klienten vor, seine zukünftige Biografie zu schreiben. Dazu gebe ich ihm drei leere DIN A 4 Blätter.

Schritt 2:

Da wir ja nun den Blick in Richtung Zukunft geändert haben, ist der heutige Tag ja bereits Vergangenheit. Somit nehmen wir das letzte Blatt und tragen die aktuelle Situation ein. Bitte achten Sie darauf, dass das Enddatum offen bleibt.

05.2011 –   Wirtschaftskanzlei xyz

Schritt 3:

Nun machen Sie mit Ihrem Klienten einen großen Sprung in seine Zukunft, dann da liegt ja sein Ziel. Ich bitte meinen Klienten nun ein Bild zu entwickeln, wo er am Ende seines Berufslebens stehen wird.

- Angestellt oderselbstständig?
- Fachrichtung?
- Klienten?
- Welche Aufgaben hat er?
- Welches Gehalt verdient er?

Am besten funktioniert diese Fantasiereise, wenn Sie Ihren Klienten die Augen schließen lassen. Bitten Sie ihn, sich seine Zukunft möglichst konkret als Bild vorzustellen. Sprechen Sie möglichst alle Sinne an.

- Wie sieht er seinen Arbeitsplatz?
- Wer begleitet ihn auf seinem Weg?
- Wenn alles optimal läuft – wie sieht sein Highlight am Ende seiner Biografie aus?

Joachim B. antwortet ganz spontan: *„Ich habe eine eigene Kanzlei und betreue mittelständische Unternehmen im Bereich...."* Lassen Sie Ihren Klienten das Ziel aufschreiben. Das Datum lässt der Klient vorerst noch offen. Das ergänzt er später.

Schritt 4:

Jetzt begleiten Sie Ihren Klienten wieder an den Ausgangspunkt zurück, d. h. an die letzte Seite seiner Biografie.

Was ist der nächste Schritt, damit er am Ende sein Ziel erreicht? *„Ich werde mich erst einmal damit auseinandersetzen, was ich bei der Gründung meiner Kanzlei beachten muss. Wie ich als Anwalt auf mich aufmerksam machen* *kann usw.? Die Anwaltskammer bietet hier Kurse und Beratungen an."*

Ich bitte den Klienten, das oberhalb seiner Ausgangsposition einzutragen. Ich bitte ihn auch, das Ziel dieses Schritts mit einzutragen.

06.2015 – 09.2015   Informationsseminar der Anwaltskammer Düsseldorf

In diesem Seminar habe ich gelernt, was ich bei der Eröffnung einer Kanzlei zu beachten habe. Wie ich als Fachanwalt auf mich aufmerksam machen kann, um Klienten zu gewinnen.

In diesem Fall ist die Vergangenheitsform wichtig. Es wird über etwas berichtet, was sich bereits ereignet hat. Es ist nicht bloß ein Plan für die Zukunft.

Schritt 5:

Nun bitte ich meinen Klienten, die nächsten Schritte seiner Biografie einzufügen: *„Bevor ich meine eigene Kanzlei gründe, ist es für* *mich wichtig zu erfahren, wie ich meine künftigen Mitarbeiter führen kann. Ein kollegiales Miteinander ist mir wichtig.*" Ich bitte den Klienten auch dies einzutragen.

10.2015 – 12.2015	Seminarbesuch im Bereich Mitarbeiterführung
	In diesem Seminar habe ich verschiedene Führungstechniken kennen gelernt. Ich habe gelernt, wie ich meine Mitarbeiter motivieren kann und wie ich ein positives Betriebsklima herstellen kann.

Schritt 6:

Nach diesem Prinzip fahre ich dann fort. Der Klient nähert sich schrittweise seinem Ziel. Ich unterstütze den Klienten durch anregende Fragen. Nach und nach entsteht eine lückenlose Biografie. Dadurch ergibt sich auch automatisch eine Jahreszahl für das finale Ziel.

Sollte noch Platz auf den Blättern sein, kann das für evtl. Ergänzungen hilfreich sein und genutzt werden. Aus einer vagen Vorstellung wird ein Konkreter Plan.

- Werfen wir doch mal einen Blick auf Ihre bisherige Biografie. Gibt es Stationen und Qualifikationen, die Sie Ihrem Weg zum Ziel noch unterstützen könnten? Welche sind das?
- Welche Kontakte (z. B. Netzwerke) können auf Ihrem Weg hilfreich sein? Wie können Sie in Kontakt treten?
- Gibt es in Ihrer aktuellen Tätigkeit evtl. Kontakte, die sie für Ihr Ziel nutzen können?

Meine Notizen:

_____

_____

_____

_____

_____

_____

_____

_____

_____

_____

_____

_____

_____

_____

_____

_____

_____

_____